Original en couleur

NF Z 43-120-8

CETTE COUVERTURE N'APPARTIENT
PAS AU VOLUME, ELLE A ETE
RELIEE PAR ERREUR

CATALOGUE

D'UN CHOIX DE

LIVRES RARES
ET CURIEUX

TIRÉS DE LA

BIBLIOTHÈQUE D'UN AMATEUR

OUVRAGES

IMPRIMÉS SUR PAPIER DE CHINE, DE HOLLANDE

LIVRES A FIGURES

RELIURES DE CAPÉ, LEBRUN, ETC.

Dont la Vente aura lieu

A L'HOTEL DES COMMISSAIRES-PRISEURS

Salle n° 4 (Premier étage)

A 2 HEURES DE RELEVÉE

Les Mercredi 18 et Jeudi 19 Février

PAR LE MINISTÈRE DE

M° GUIDOU, Commissaire-Priseur

Rue Neuve-des-Petits-Champs, 62

ASSISTÉ DE

M. Alphonse PICARD, Libraire.

PARIS

ALPHONSE PICARD

LIBRAIRE DE LA SOCIÉTÉ DE L'ÉCOLE DES CHARTES

82, RUE BONAPARTE, 82

1874

Couverture inférieure manquante

RAPPORT

SUR

LES ARCHIVES DE LA VILLE DE TOULOUSE

ET DE QUELQUES LOCALITÉS DU HAUT-LANGUEDOC,

adressé

A M. le Ministre de l'instruction publique.

(EXTRAIT DU JOURNAL GÉNÉRAL DE L'INSTRUCTION PUBLIQUE.)

hommage à Monsieur Bocher
Louis de Mas Latrie

PARIS,
IMPRIMERIE ADMINISTRATIVE DE PAUL DUPONT ET C
RUE DE GRENELLE-SAINT-HONORÉ, 55.

1839.

RAPPORT

SUR

LES ARCHIVES DE LA VILLE DE TOULOUSE

ET DE QUELQUES LOCALITÉS DU HAUT-LANGUEDOC.

Monsieur le Ministre,

Vous m'avez chargé de visiter les archives de la ville de Toulouse pour vous faire connaître les progrès du classement de leurs documents et l'état actuel des dépôts, dans l'intérêt des différentes collections historiques qui se forment d'après vos ordres; je vais avoir l'honneur de vous rendre compte de ma mission.

Des quatre dépôts d'archives existant à Toulouse, et renfermant des documents qui peuvent être utiles à l'histoire, les archives de la préfecture, du Capitole, du Palais-de-Justice et des notaires, le plus important est celui de la préfecture, qui comprend les archives de l'archevêché de Toulouse, des monastères et des corporations religieuses et civiles supprimées par la révolution.

Quand M. Michelet et M. Granier de Cassagnac visitèrent les archives du département de la Haute-Garonne, les papiers étaient entassés confusément dans des chambres dégradées. Il n'en est plus de même aujourd'hui : le local a été restauré, les murs sont garnis de rayons, et les archives sont déjà en ordre dans un premier classement général. Les travaux de réparation du local, commencés en 1836, n'ont été terminés qu'en 1838; et, dans l'hiver qui vient de finir seulement, M. l'archiviste a pu entretenir un feu dans son cabinet.

Depuis 1836, c'est pendant les travaux des ouvriers, au milieu des décombres, sans feu, que M. Belhomme, archiviste, est parvenu à se reconnaître dans le désordre des documents dont la garde lui était confiée, et à coordonner les titres dans une reconnaissance sommaire. Ce premier travail terminé, M. Belhomme reprend en particulier chaque division et subdivision des archives, étudie séparément chaque pièce et en dresse une petite notice. C'est en exécutant ce dépouillement qu'il a pu déjà vous communiquer, M. le ministre, un grand nombre de documents relatifs à l'organisation municipale et à l'état des villes et villages du Languedoc, et des statuts de différents corps de métiers, pour la grande collection des documents relatifs au tiers-état.

On vous a précédemment signalé, Monsieur le Ministre, les spoliations, les détériorations, les accidents de tout genre qui, à diverses époques, depuis 1810, année de la formation des archives départementales, sont venues amoindrir successivement le dépôt. Les archives renferment encore cependant beaucoup de documents qui se classent dans huit sections principales ; il comprend les corps d'archives particulières plus ou moins complètes :

1° Des assemblées des états du Languedoc, où se trouvent les procès-verbaux des assemblées et autres actes de l'administration générale civile de la province ;

2° De l'administration particulière par diocèse et de la haute administration de la ville de Toulouse ;

3° De l'archevêché de Toulouse et de l'église métropolitaine ;

4° Des chapitres, couvents et ordres religieux de la ville et du diocèse de Toulouse ;

5° Du grand prieuré de la vénérable langue de Provence et de la commanderie particulière de Toulouse ;

6° Des corporations religieuses d'hommes ou de femmes ;

7° Des colléges, séminaires et anciens établissements d'instruction publique supprimés en 1790 ;

8° Enfin, des diverses corporations d'artisans et d'industriels.

Vous approuverez, je l'espère, Monsieur le Ministre, la réserve avec laquelle je vous parle des archives du département de la Haute-Garonne : je serais fâché, en vous signalant ce qu'elles renferment de plus curieux, de priver M. Belhomme du fruit de ses recherches et de la satisfaction de vous adresser sur leurs résultats le rapport détaillé qu'il prépare avec tant de soin.

Les documents administratifs, dont parlera M. l'archiviste montrent combien l'administration de la province du Languedoc était peu compliquée et combien elle demeura indépendante de l'autorité centrale jusqu'aux temps de Sully et de Richelieu. Les dépôts de l'archevêché, des abbayes et des corporations religieuses, sont riches en bulles et en chartes, dont beaucoup sont encore garnies de leurs sceaux. Les archives des corps et métiers ont des réglements fort anciens et fort intéressants. Dans les papiers du grand prieuré de Malte sont les statuts de l'ordre, en langue romane méridionale, et un grand nombre de documents intéressants pour l'histoire des corps et des familles qui ont eu parmi leurs membres des chevaliers de Malte. Les archives des établissements d'instruction publique sont plus importantes qu'on ne penserait ; nulle part, peut-être, hors Paris, ne se trouve une collection plus complète de documents relatifs à l'enseignement dans les quatorzième, quinzième, seizième et dix-septième siècles.

Les *archives du Capitole* ne sont pas aussi importantes, par le nombre des documents, que celles de la préfecture, mais elles renferment des titres d'un intérêt tout particulier.

Un premier classement en fut entrepris dans le dernier siècle et terminé en 1776. Alors, on dressa l'inventaire des pièces détaillées, inventaire qui existe encore et qui forme un gros volume in-folio, terminé par une bonne table des matières. Mais à la révolution, les archives furent bouleversées, dispersées et détruites en partie. On conserve encore le procès-verbal de la séance du conseil municipal du mois d'août 1793, où la haine aveugle pour tout ce qui se rapportait à l'ancienne législation fit décider que les archives du Capitole seraient brûlées. L'arrêt ne reçut qu'un commencement d'exécution, il est vrai, mais la destruction porta principalement sur les registres, et malheureusement sur les plus anciens. Plus tard, on rassembla dans une tour du Capitole tout ce qui restait des archives, et on en fit un nouveau classement (1). La tour ayant été démolie ensuite, les archives furent transférées dans une salle haute du Capitole, où on les entassa pêle-mêle. Ce n'est qu'au commencement de l'année 1838 que M. Scipion Goudet, déjà archiviste de la ville, fut chargé de mettre en ordre les anciens documents, oubliés à peu près jusque là.

M. l'archiviste s'étant assuré que la plus grande partie des titres compris dans l'inventaire de 1776 existait encore au Capitole, n'a pu mieux faire que de rétablir le classement qui avait été arrêté à cette époque. Après cette opération, M. Goudet a dû s'occuper d'inventorier une assez grande quantité de documens, chartes, rouleaux ou registres qui se sont trouvés, on ne sait comment, mêlés avec ceux dont le classement fut effectué en 1776 et qui ne figurent pourtant pas dans l'inventaire. M. l'archiviste et son adjoint s'occupent activement de ce travail qui tend à sa fin.

Comme il sera très aisé, Monsieur le Ministre, quand vous le désirerez, de relever, au moyen du catalogue in-folio, toutes les pièces intéressantes des archives classées en 1776, et que pourtant un tel travail, quoique facile, eût été encore assez long, il m'a semblé préférable de ne parcourir que les documents non inventoriés à cette époque.

Voici le relevé de tous ceux qui, au mois d'avril 1839, inventoriés et placés dans les cases par M. l'archiviste, m'ont paru offrir quelque intérêt :

1° Chartes des franchises de la ville de Saint-Puy, de l'année 1396. — Le haut de la pièce est fort endommagé aujourd'hui ; mais, à une époque où l'acte était assez bien conservé, il en a été fait une copie qui se trouve jointe à l'original. La copie a 16 pages in-4° d'une écriture assez fine.—Dans la même liasse se trouve « la Charte des franchises, libertés, coutumes de la ville de Samatan, les obligations des habitants envers leur seigneur, et les droits du seigneur réciproquement convenus entre eux, de bon accord, le 23 septembre 1373. » — Copie faite le 8 avril 1644, sur le registre original qui était alors aux archives de la trésorerie. — Liasse 237, case P.

2° Extrait des coutumes de la ville de Benque-de-Dessus, diocèse de Cominges, 1470. — Dénombrement de la commune de Fronsac, 1610. — Liasse 445, V.

3° Hommages, aveux et autres pièces féodales relatives aux lieux de Blagnac, Labèze, Montréal, Penne, Rieux, Mirevail, Montgeard, Réalmont, Fourquevaux, Montbrun, Salies, Puymaurin, Arlos, etc. Dix-septième et dix-huitième siècles. — Liasse 471, X; 516, Aa; 591, Ea.; 632. Ga., et 656.

4° Dénombrements, transactions, productions et autres actes établissant les droits et propriétés de la ville de Saint-Jean-de-l'Herm, 1301-1368. — Liasse 410. U.

5° Réceptions d'aspirants à la maîtrise de divers corps de métiers.

---

(1) Il paraît que, lors de cette mise en ordre, plusieurs pièces intéressantes ont été retirées des dossiers. On cite, entr'autres, un rapport, en langue romane, adressé au roi, vers l'an 1500, sur le meurtre d'un capitoul. La pièce existe encore, et elle est dans les mains d'une personne de Toulouse que l'on m'a nommée.

— Liasse 14. A. 1781 à 1787. Trois registres (L. 71. A) de 1544 à 1668.

6° Procès-verbaux dressés par les capitouls, à la requête des maîtres des divers métiers, contre des ouvriers qui exerçaient sans être pourvus de lettres de maîtrises. 1644-1679. — Liasses 93, 95, 139, H. K.

7° Papiers appartenant à la congrégation des artisans, érigée dans l'église Saint-Géraud, sous l'invocation de la Sainte-Vierge. On y voit la copie de trois bulles des papes Clément X, Clément XIV et Pie VI, 1767-1791. — Liasse 476. Y.

8° Pièces comptables et contentieuses de la communauté des maîtres tailleurs de la ville de Toulouse. 1715-1767.—Liasse 556, C.a.

9° Procès-verbaux, enquêtes, auditions de témoins, relatifs aux maîtrises. — Liasse 599. E. a.

10° Délibérations, requêtes des capitouls contre les statuts des chirurgiens. 1755.— Liasse 601. E. a.

11° Réceptions d'aspirants à la maîtrise de divers corps de métiers. 1785-1767.—Liasse 685. H. a.

12° Cinq cahiers renfermant l'état des créanciers de la ville, par suite d'emprunts opérés en 1466, 1483, 1540, 1566, 1621 ; le cahier de 1466 est en langue vulgaire. — Liasse 30. C.

13° Compte-rendu des trésoriers sur les dettes de la ville. 1567-1787. — Liasse 3o. C.

14° Dix registres de comptabilité de la ville, de 1560 à 1569. — Liasse 79. G.

15° Mémoires, requêtes, ordonnances des capitouls, concernant les privilèges de la ville, souvent méconnus par le gouvernement. — Liasse 100. I.

16° État des revues ou montres, passées par les capitouls, d'une compagnie d'arquebusiers, levée dans les environs de la ville pour sa défense. 1569. — Liasse 125. L.

17° États des retenues faites sur les traitements des capitouls, de leurs officiers et des employés de l'Hôtel-de-Ville de Toulouse, au profit du trésor royal. 1760 à 1782. — Liasse 158. L.

18° Mémoires contenant le résultat des recherches qui ont été faites dans les archives et les greffes de la ville de Toulouse, relativement aux diverses convocations des états-généraux, à propos des états de 1788. Ces mémoires ne paraissent être qu'une compilation des annales de La Faille. — Liasse 164. N.

19° Sentences, ordonnances et jugements rendus par les capitouls.—Pièces originales, 1561 à 1574.—Liasse 189. N. 1,601 à 1,605. L. 198. N.

20° Lettres de M. de Lamoignon de Basville, intendant du Languedoc, sur la noblesse des capitouls. Prétendant qu'ils devaient être considérés comme nobles d'extraction, les capitouls voulaient être exempts du droit imposé sur les nobles de création. 1715.—L. 219. O.

21° Mémoires sur la noblesse des capitouls et l'antiquité de leur institution. 1776. — L. 380. T.

22° Mémoire sur leur juridiction. L. 571. Ca.

23° Lettres-patentes, arrêts du conseil et du parlement, requêtes, etc., concernant les privilèges de la ville. 1471 à 1786. — L. 243. P.

24° Lettres-patentes, arrêts du conseil, etc., portant exemption de la taille et du taillon, accordée à la ville de Toulouse à cause des sacrifices pécuniaires qu'elle avait souvent faits pour l'état. 1572-1672. — L. 316. R.

25° Requête au roi par laquelle les capitouls déclinent la compétence de la cour des comptes de Montpellier et ne veulent rendre leurs comptes que devant une commission municipale. Sept. 1780. L. 336. S.

26° Délibérations, correspondances, instructions, adressées aux députés et aux états, et autres actes de l'administration des capitouls. 1438-1698. — L. 478. Y.

27° Délibérations du conseil général et du conseil politique de la commune. 1568 à 1569. — L. 479. Y.

28° Pièces du procès soutenu par la ville contre le parlement, au sujet de la nomination d'un geôlier des prisons de l'Hôtel-de-Ville. 1782.—L. 543. B. a.

29° Mémoires et requêtes relatifs à l'administration de la ville, qu'on voulait réorganiser. Pièces intéressantes. — Sur le dos de l'un des mémoires on lit : « *Observations sur les abus à réformer dans l'administration : il est pretendu dans le présent qu'il n'y a pas d'abus, et on le prouve.* » Ce que le gouvernement royal appelait *abus* n'était que l'exercice des franchises de la ville. 1776-1777. L. 333. R.

30° J'ai remarqué dans la liasse N. 191. Case N. :

Les lettres du 13 décembre 1283 par lesquelles Philippe-le-Hardi mande à l'abbé de Moissac et au sénéchal de Toulouse, de soumettre aux habitants de la ville, dignes de foi, la rédaction de leur coutume, qu'il avait fait faire. — Original latin. Le roi envoie en même temps un rouleau, scellé de son sceau, renfermant le texte des coutumes, qu'il approuvait, sauf vingt articles, qu'il voulait examiner encore.

Le vidimus de lettres-patentes de 1317, de Philippe-le-Long, prenant le titre de roi de France et de Navarre, comme tuteur de Jeanne, reine de Navarre, sur quelques priviléges conservés et reconnus aux consuls par Louis-le-Hutin. Latin.

Le projet des lettres-patentes de Louis XI de l'année 1471, adressées au sénéchal de Toulouse, par lesquelles le roi ordonne d'examiner les priviléges de la ville, pour savoir si les habitants étaient exempts du paiement du franc-fief. Français. — Une note, écrite sur le dos de ce parchemin, indique que l'original des lettres-patentes a été retrouvé. Il n'est pas dans le dossier.

31° Dans la liasse 197, case N. :

La copie moderne de la prise de possession, de 1271, du comté de Toulouse, de la terre d'Agen et autres biens, appartenant à Alphonse, comte de Poitiers et de Toulouse, et à Jeanne, sa femme, biens échus, après leur mort, sans enfants, à la couronne de France, par droit de réversion, et, suivant le traité de 1228, avec les priviléges, libertés et franchises des habitants. — Cette copie, très endommagée par les vers et la moisissure, commence ainsi : *Incipit registrum de saisimento civitatis Tholosæ et comitatus Tholosani et terræ Agi.ensis*, etc.;

La copie d'une charte de Charles V, de l'année 1378, en faveur des habitants marchands de Toulouse ;

32° Lettres-patentes du roi Jean, autorisant la ville à percevoir un droit de gabelle, dont le produit devait être destiné à la construction des remparts. — L. 68. F.

33° Inventaires des armes de toute espèce de l'arsenal de Toulouse. 1656 à 1675. — L. 218. O. On remarque dans le dossier, un état des armes fournies par les capitouls, en 1592, au duc de Joyeuse. 1528 à 1698. — L. 220. O.

34° Dossier concernant la confiscation et la vente des biens des huguenots. 1574. — L. 263. R.

35° Dénombrements, hommages de l'ordre de Malte. 1629 à 1670.— L. 222. O.

36° Sentences et autres actes judiciaires des capitouls. 1643 à 1646. Registre. — L. 250. P. — En tête du registre, après les noms des capitouls et de leurs officiers, se trouve l'état des flambeaux et des boîtes de dragées qui revenaient à chacun annuellement.

37° Mandats des années 1689 et 1690, tirés par les capitouls sur le trésorier de la ville pour dépenses imprévues. — On y remarque la mention des frais, faits par la ville, pour le baptême du fils d'un capitoul. Une médaille d'or du poids de trois onces environ, frappée à cette occasion, fut offerte à la mère. — L. 141. K. — On sait que l'enfant du capitoul, chef du consistoire ou du capitoulat, né pendant l'année de la magistrature de son père, recevait le titre de *comte de Toulouse*, et avait le corps des capitouls pour parrain. Le titre n'était pas héréditaire. Le dernier enfant d'un chef du consistoire, qui ait reçu cette qualification honorable, vit encore à Toulouse: c'est M. de Ginesti.

38° Mandat tiré au profit du peintre de la ville, par le trésorier, pour les trois portraits des capitouls, dont l'un était placé dans les annales de la ville; le second dans les salles du Capitole, et le troisième offert à chaque magistrat. Année 1691. — L. 634.—G.

39° Un petit registre intitulé: *Traité de géographie*, avec la date de 1375. L'écriture indique bien le quatorzième siècle. L. 167, M. — Il y a seulement à la fin du livre cinq ou six pages, partie en latin, partie en français, relatives à la géographie. Elles renferment quelques fables sur la fondation de Toulouse et de Rome, et des détails sur divers pays, comme ceux-ci: *Angleterre est isle de la Grande mer, et ung de Troye, descendant avec navigaige, vint audict terroir, et païs d'Angleterre, et batailla contre les nations des Géants,* etc.— « *Anglia ab angulo dicitur, car est terre in angulo mundi, aqua maris circumdata.* »

40° Mandat de l'an 1446, en langue romane, tiré à l'occasion de la célébration des jeux floraux sur le trésorier de la ville, pour la somme de huit livres, par les capitouls, en faveur d'un orfèvre, pour façon et valeur *de las tres flos que se donan cascun an lo ters jorn de may: la violetta, lo gaug et la englen.* L'églantine était alors d'argent comme les deux premières fleurs, la violette et le souci. — Trois autres pièces de la liasse des années 1656, 1689 et 1690, renferment les états des frais de la solennité du 3 mai. La pièce de 1656 détaille le menu du festin donné à l'occasion de cette cérémonie; quatre cents plats, qui y sont détaillés, coûtèrent 850 francs. — L. 161. L.

Il existe, Monsieur le Ministre, tant dans les liasses dont je viens de vous citer les titres qui m'ont paru les plus intéressants, que dans les autres dossiers, des actes concernant diverses familles du Languedoc. (Suit l'énumération des familles et l'indication du classement des actes qui les concernent. Les noms des familles de Puibusque, de Saint-Amans, de Bellisens, d'Hautpoul, de Solages, de Lordat, d'Hébraïl, Calouin de Tréville, de Clausade, de Roquelaure, de Catelan, etc., existant encore en Languedoc, figurent dans cette liste.)

Voilà, Monsieur le Ministre, l'énumération rapide de tous les titres nouvellement retrouvés au Capitole par M. Goudet, qui peuvent avoir quelque importance. Outre ces documents et ceux dont le classement fut effectué en 1776, les archives de l'hôtel-de-ville de Toulouse contiennent trois registres de chartes dont la plus ancienne est de 1141, et les plus récentes de la fin du seizième siècle. L'un de ces cartulaires est connu sous le nom de *livre blanc*.

Des registres de la municipalité, où se trouvaient les délibérations et les ordonnances des capitouls, il ne reste que ceux des années 1524 à 1789, formant 52 volumes in-f°. Il n'existe rien d'antérieur à la première époque.—Mais la série de registres la plus curieuse, celle dont la perte est le plus à regretter, est la collection des *Annales du capitoulat*, enrichie des portraits des magistrats nouvellement élus.

Ce droit des capitouls de se faire représenter en pied dans les annales de leur cité est un fait tout particulier à Toulouse, dont l'histoire communale est si remarquable d'ailleurs.

Cette ville, vous le savez, Monsieur le Ministre, est un des plus antiques municipes de la Gaule romaine. Elle avait sa curie sous les empereurs, elle la conserva après l'invasion des Barbares et malgré les violences des premières races et de la féodalité. Toujours elle eut une administration libre et complète, et elle peut être considérée comme l'individualité municipale la plus forte, la plus remarquable, comme la commune modèle des pays dits autrefois de droit écrit.

Toulouse offre dans son histoire plusieurs particularités dignes d'être étudiées ; mais le caractère le plus important de son existence municipale, caractère qui le distingue de tous les autres grands municipes, c'est que, tandis qu'ailleurs, et principalement dans le Nord, les luttes des seigneurs et des communes sont toujours violentes, barbares, et ne finissent que par la ruine de l'un des deux pouvoirs, la ville de Toulouse vide ses démêlés avec les comtes, et plus tard avec les rois, sans recourir aux armes, par des envoyés, des charges de pouvoirs, d'une manière vraiment parlementaire. C'est là, Monsieur le Ministre, un signe frappant de cette civilisation méridionale si long-temps supérieure à celle des provinces du nord de la France. Je dois à la bienveillance de l'illustre historien qui prépare sous vos auspices le recueil des monuments de l'histoire des communes d'avoir pu en remarquer les preuves et les conséquences dans les titres conservés à Toulouse. Le fait est facile à vérifier ; mais, pour l'observer le premier, il fallait avoir, comme M. Augustin Thierry, une connaissance profonde de l'esprit général des communes, et être entré jusque dans les détails des histoires particulières des villes du nord et du midi de la France.

Ce *droit d'images*, dont jouissaient les capitouls, paraît leur avoir été propre, à l'exception de tous les autres magistrats municipaux de France.

Le premier livre des annales de la ville de Toulouse remontait à l'année 1295. Cette année-là, les capitouls décidèrent qu'il serait ouvert un registre où l'on inscrirait les noms des magistrats élus annuellement. Les figures des capitouls n'étaient, dans les plus anciens volumes, qu'aux premières lettres majuscules. Plus tard, les portraits occupèrent le haut des pages, et bientôt les pages entières de vélin. Dès long-temps, un peintre était attaché à l'Hôtel-de-Ville, ayant seul qualité pour faire les portraits des capitouls. On ne se contenta plus alors de peindre les magistrats élus dans les annales ; on fit exécuter deux autres portraits : l'un pour être placé dans les salles de l'Hôtel-de-Ville, et l'autre pour être offert au capitoul à sa sortie de charge. Les premiers registres ne renfermaient que les noms des capitouls et leurs représentations ; bientôt on consigna dans les annales les événements les plus importants de la ville, puis de la province, et quelquefois du royaume.

Onze registres des annales existent seulement encore au Capitole. Ils comprennent l'historique des années de 1533 à 1789. Les autres volumes ont été brûlés ou lacérés en 1793. Neuf de ceux qui ont échappé à une destruction totale sont dépouillés des miniatures historiques qui les ornaient; les portraits des capitouls ne se trouvent que sur les deux volumes comprenant la chronique des années 1617 à 1655, et encore la collection n'est-elle pas complète, plusieurs feuilles ayant été enlevées dans l'intérieur des volumes. Les huit capitouls sont représentés ensemble, sur la même feuille de vélin, dans leurs habits de cérémonie, qui rappellent l'ancien costume des comtes de Toulouse, de la dimension de six à huit pouces. L'exécution délicate de ces portraits, et surtout le fini et l'expression des figures, leur donnent une grande valeur auprès des artistes. Au dessus et au dessous du portrait, se trouvent le nom et les armes de chaque magistrat.

Voici, Monsieur le Ministre, le relevé exact des noms des capitouls dont les portraits sont conservés encore dans les deux volumes des annales de la ville:

(Suit dans le rapport le relevé des noms des capitouls. On remarque que les magistrats de l'année 1652, ayant été maintenus dans leurs fonctions à cause de la peste qui ravageait la ville, et n'ayant pas voulu renoncer à un droit qui appartenait à leurs fonctions, firent peindre de nouveau leurs portraits, en 1653, dans les registres municipaux.)

Ainsi, Monsieur le Ministre, cent huit portraits de capitouls du dix-septième siècle existent seulement encore au Capitole; mais d'autres miniatures historiques se trouvent à Toulouse, sur des feuilles qui ont pu être préservées de la destruction. Ce sont, sans aucun doute, les plus intéressantes.

M. Béguillet, membre de la société des antiquaires de Toulouse, a bien voulu me montrer celles dont il est propriétaire. Elles offrent les portraits des capitouls en exercice dans les années 1368, 1372, 1393, 1409, 1438, 1441, 1442, 1443, 1444, 1446, 1448, 1453, 1454, 1530, 1539, 1542, 1544, 1550, 1551, 1645, 1660, 1664, 1707, 1709, 1714, 1718, 1753 et 1772.

Dans les plus anciennes miniatures, les capitouls sont représentés à cheval, et figurent quelquefois dans une cérémonie publique, comme la réception du roi à Toulouse. Le récit fort court de leur élection, rédigé, tantôt en latin, tantôt en langue romane, se trouve au dessous des portraits. La vignette de l'année 1438 est remarquable. Les capitouls y paraissent seulement au nombre de huit, tandis qu'auparavant ils étaient douze : une ordonnance des généraux, commissaires envoyés par le roi, avait diminué leur nombre. Cette réduction est ainsi énoncée dans la chronique qui est au dessous de la vignette : *Anno domini* M. CCCC. XXXVIII°, *à V del mes de dezembre foron publicatz capitols de la présent ciutat è borc de Tholoza lors senhors dejos nommatz, et foron redusitz de XII al nombre de VIII, per ordenansa dels senhors générals*, etc.

Il existe chez M. de Pins une feuille du quatorzième siècle où se trouve un membre de la famille de Pins, ayant pour armes un écu chargé de trois pins, avec la légende *de pinibus*.

M. de Catelan, pair de France, ancien avocat-général au parlement de Toulouse, avait aussi plusieurs de ces pages historiées, qui appartiennent aujourd'hui à M. de Grammont. Enfin, plusieurs sont passées, à ce que l'on croit, en Angleterre, avec des registres entiers des annales.

Voilà, Monsieur le Ministre, tous les renseignements qu'il m'a été possible de recueillir sur les registres à miniatures existant au Capitole, et les débris de ceux qui s'y trouvaient autrefois, preuves les plus intéressantes de ce droit d'images, dont les capitouls étaient si jaloux et si fiers. Il serait à désirer que toutes les feuilles détachées des annales de Toulouse revinssent au pouvoir du conseil municipal, pour être annexées aux registres du Capitole. La ville a lieu de l'espérer de l'administration éclairée de M. Perpessac.

Après les archives du Capitole, j'ai dû visiter celles du Palais de Justice ou de la Cour royale.

Ce dépôt, le plus riche sous le rapport de la quantité des papiers et parchemins, est, sans doute, celui qui renferme le moins de documents historiques, relativement à son étendue. Toutefois, on peut espérer d'y découvrir encore des renseignements curieux; mais il faudrait, pour les trouver dans l'immensité des registres et des liasses, plusieurs années d'un travail continu de dépouillement.

En attendant qu'on puisse se livrer à ces longues recherches, les archives se classent dans les salles et galeries supérieures du palais, par les soins persévérants de M. Martorel, archiviste. Nulle part, probablement, Monsieur le Ministre, n'existent des archives tenues avec plus de soins, de propreté, d'élégance, on peut le dire, que celles du Palais de Justice de Toulouse. Les fonds alloués pour la disposition du local et l'achat des cartons et registres, ne suffisant pas à ses soins extrêmes et à ses désirs d'embellissements, M. Martorel s'est fait lui-même le relieur et le décorateur de ses archives: il confectionne les registres et les cartons; il les orne extérieurement de dessins, les vernisse; il fait les étiquettes au moyen de lettres sur cuivre; enfin, il ne veut confier à personne le soin de couler les arabesques, les griffons et autres ornements en plâtre dont il décore les salles.

Au Palais de Justice sont rassemblées les archives du parlement avec celles de la plupart des juridictions qui en ressortissaient et dont le siége était à Toulouse.

Les archives du parlement sont ainsi classées : grande Chambre, Décrets, Chambre des enquêtes, Chambre des requêtes, Chambre de la tournelle (1), Chambre de l'édit, Edits, Lettres-patentes.

Il est à regretter, Monsieur le Ministre, que la partie la plus curieuse des archives du parlement, les *secreta consiliorum* ou archives secrètes, n'existe plus dans le dépôt. A la révolution, plusieurs conseillers, craignant d'être compromis par certaines délibérations arrêtées par le parlement, se réfugièrent en Espagne et les emportèrent dans leur émigration. Depuis, M. de Catelan a fait d'inutiles recherches pour les retrouver. On cite pourtant la ville de Vittoria comme renfermant encore quelques uns de ces précieux registres.

Après le parlement, les sénéchaussées étaient les premières cours de justice de la province. Le parlement de Toulouse en comprenait huit dans son ressort: celles de Toulouse, Castelnaudary, Carcassonne, Limoux, Béziers, Nimes, Montpellier et Le Puy. Les archives de la *sénéchaussée de Toulouse*, qui seules se trouvent au Palais de Justice, se divisent en: ordinaires ou appointements, sentences, sen-

---

(1) J'ai remarqué deux registres d'arrêts secrets de la tournelle, de 1518 à 1530.

tences présidiales, criminel, verbaux, provisions, grand bailliage, enregistrement des édits et déclarations, insinuations, donations et substitutions.

L'administration civile du Languedoc comprenait aussi une *grande maîtrise des eaux et forêts*, subdivisée en sept maîtrises particulières. Les papiers de la grande maîtrise de Toulouse se trouvent au Palais de Justice. On y remarque les actes de la réformation générale, effectuée par M. de Froidour. Dans les registres ou cartons, sont les plans de toutes les forêts du ressort de la grande maîtrise et les jugements prononcés dans cette opération.

Les trésoriers généraux avaient une juridiction. Ils relevaient de la chambre des comptes, d'abord fixée à Toulouse et unie au parlement, puis détachée et transférée à Montpellier. Les archives des trésoriers généraux de Toulouse comprennent : les audiences ordinaires du domaine, les jugements de voirie, les jugements du domaine, les offices du bureau des finances, les amortissements.

Les capitouls, et c'était là l'un de leurs priviléges les plus importants, avaient une juridiction criminelle, et, en quelques cas, une juridiction civile. C'est le capitoulat qui, le premier, a connu des célèbres affaires de la marquise de Ganges et de Calas. Ce droit, souvent contesté au corps municipal, lui fut cependant toujours maintenu par des arrêts. Je citerai celui du conseil privé du 3 juin 1670, qui se lit dans le premier volume, page 255, des ordonnances conservées à la cour royale : « Les capitouls sont maintenus au droit et
« possession de connaître en première instance de tous les crimes
« qui se commettent dans la ville de Toulouse, faubourg et gardiage d'icelle contre toutes sortes de personnes, et de procéder à
« l'instruction et au jugement d'iceux, ainsi qu'ils ont accoutumé,
« privativement au lieutenant criminel et autres officiers de ladite
« sénéchaussée, à l'exception néanmoins des causes des nobles et
« des cas royaux, dont le lieutenant criminel et autres officiers de
« la sénéchaussée pourront connaître par prévention et concurrence avec lesdits capitouls. Et, en cas de contestations pour ladite
« prévention et concurrence, seront réglés par ledit parlement, et
« feront les appellations de tous les jugements qui seront rendus
« par les capitouls en matière criminelle portant condamnation à
« peine afflictive. »

Les capitouls connaissaient donc en première instance d'un grand nombre d'affaires criminelles. Les procès-verbaux, dressés par l'instruction, furent transportés au Palais de Justice ; mais, par le défaut de soins et de surveillance, la plus grande partie du dépôt a été perdue. Les plus anciens verbaux que l'on ait conservés, ne remontent qu'à l'année 1730.

Ainsi, Monsieur le Ministre, cinq juridictions, le parlement, le sénéchal, les eaux et forêts, le bureau des trésoriers généraux et le capitoulat, ont leurs archives plus ou moins importantes au Palais de Justice. Je dois ajouter, pour compléter la liste des dépôts des justices qui se trouvent aujourd'hui entièrement classés : 1° Les archives des *juridictions ecclésiastiques*, comprenant les officialités du métropolitain et de l'abbé de son diocèse immédiat ; 2° les papiers des *justices royales et seigneuriales*, du district de Toulouse, qui, en 1790, remirent leurs papiers au parlement, dont elles dépendaient.

Il reste à classer encore quelques juridictions inférieures, telles que les *maîtrises des ports*, justices établies pour faciliter la levée de l'imposition foraine ; et l'*Hôtel des Monnaies*, qui ressortissait, pour certaines causes, de la cour des monnaies de Lyon, et, pour d'autres, du parlement de Toulouse. Mais, sans doute, il y a très peu de documents importants dans ces dépôts.

Si, dans les tas de papiers gisant encore dans une grande salle, on retrouve les registres de la *bourse commune*, juridiction consulaire de Toulouse, qui relevait du parlement, peut-être y découvrira-t-on quelques renseignements intéressants.

Après les archives de la Préfecture, de l'Hôtel-de-Ville et de la cour royale, il me restait à visiter, Monsieur le Ministre, les archives des notaires. Ce dépôt est classé, comme celui du parlement, au Palais de Justice ; M. Biscomte père en est le conservateur.

Le motif de la formation des archives des notaires de Toulouse remonte à l'année 1769 : trente-six notaires exerçaient leur office dans cette ville. Ce nombre était trop considérable pour celui des habitants : « 15 ou 18 seulement, disent les notaires dans leur requête « au roi, sont occupés de manière à se procurer et à leur famille une « subsistance honnête; et le nombre de 24 serait suffisant. » Des lettres-patentes du roi, du 22 mai 1769, fixèrent en conséquence le nombre des notaires devant exercer à Toulouse, à 24, en établissant que la réduction porterait sur les notariats, dont les titulaires mourraient sans enfants mâles, qui pussent leur succéder en l'office.

Les registres laissés par les fonctionnaires décédés étaient déposés dans un local à la disposition de la communauté. C'est ainsi que se sont formées successivement les archives des notaires.

En 1790, à la mort de Me Biros, le corps des notaires de Toulouse se trouva réduit au nombre prescrit de 24. Plus tard, vint la loi de nivose an XI, constitutive du notariat, qui diminua le nombre, et l'arrêta à 14, où il s'est maintenu. Cette seconde réduction, ayant été opérée par réunion d'études, les actes ou *cèdes* des notaires défunts, passant chez l'un des survivants, ne vinrent pas augmenter le dépôt.

Mais on dut toujours conserver cet ancien corps d'archives, auquel il est souvent nécessaire de recourir encore. Il occupe aujourd'hui, au Palais de Justice, deux salles, dont l'une très spacieuse. Il renferme les titres d'un grand nombre de notaires, provenant des douze études supprimées avant 1790. (Suit le relevé des registres les plus anciens, qui s'y trouvent rangés sous le nom du premier dépositaire).

J'ai ouvert au hasard quelques uns des registres des dates les plus reculées ; les actes que j'ai lus n'étaient que d'un intérêt tout privé. Toutefois, il y a dans ces registres des documents fort curieux pour l'étude des idiomes vulgaires du midi, pour celle des mœurs et usages du pays, différant bien plus autrefois qu'aujourd'hui de ceux des autres provinces, et même pour l'histoire du droit dans le midi de la France.

M. Du Mège, correspondant de votre ministère, se propose de publier un choix de ces actes notariés qui formeront, on l'espère, un recueil fort intéressant.

Après avoir pris connaissance de l'état des différentes archives historiques de Toulouse, j'ai dû voir les deux bibliothèques que renferme cette ville.

Parmi les manuscrits de la bibliothèque du collége royal, ou de la ville, il en est un très intéressant, sur lequel j'ai l'honneur, Monsieur le Ministre, d'appeler votre attention ; c'est un registre original des premiers temps de l'établissement de l'inquisition en France, c'est-à-dire du treizième siècle. Je me suis assuré à la Bibliothèque royale qu'il ne faisait pas partie des documents relatifs au midi, copiés par ordre du président Doüt; il complétera donc la partie de cette collection relative aux Albigeois, et fournira, je crois, des renseignements très curieux à M. Fauriel, pour le grand recueil sur les Albigeois, qu'il prépare.

Ce manuscrit, écrit sur papier, et formé de 2 tomes, reliés en un volume in-4°, est composé en tout de 255 folios. Il renferme les enquêtes faites par les inquisiteurs, en 1245, 1246 et 1253, dans différents lieux du Lauraguais et du diocèse de Toulouse. En tête du procès-verbal de chaque instruction, on indique le lieu où elle a été faite; et ce nom est répété, mais avec des variantes, au haut de chaque page du volume. J'ai relevé avec soin le nom de toutes ces localités, et j'ai l'honneur, Monsieur le Ministre, de vous en donner plus bas la liste.

Au commencement du registre, sur un onglet plié, on lit: *Hic sunt duo volumina confessionum de libris fratris Bernardi de Cantio transcripta, scilicet de Lauraguesio et de multis aliis locis dyocesis Tholosani, per fratres Guillelmum Bernardi et Reginaldum de Carnoto inquisitores.*

(L'auteur du rapport donne ici la table des lieux où les enquêtes furent faites. On y remarque dans l'ordre de pagination les localités suivantes: Le Mas-Saintes-Puelles, Saint-Martin-La-Lande, Montgaillard, Bazièges, Montgiscard, Laurac, Saint-Michel-de-Lanés, Montesquieu, Guardouch, Lasbordes, La Bécéde, Gaja, Montauriol, Villeneuve-la-Comtal, Montferrand, Fanjeaux, Maireville, Villepinte, Avelanet, Mirevail, Airous, Montauban, Vilelle (*parrochia de Vilella*), Saint-Félix, Montaigu, la Pomarède, Montmaur, Vaudreuil, Hautpoul, Castelnaudary, etc.)

Au verso de la feuille de garde on lit: *confessiones de v° libro. Confessiones anni* 1245 et 1246 *coram Bernardo de Cantio inquisitore.*

Dans l'intérieur, sur les marges, se trouvent, en écriture du temps, de petites notes, telles que celles-ci: *hic venit non citatus, iste recessit sine licentia, hic fugit, relapsus, hic fuit convictus apud Vilamanha, immuratus* (c'était l'hérétique condamné à finir sa vie enfermé dans une petite cellule), *hic reddidit se ad murum* (en prison), *coram episcopo, invenit* (le témoin) *quinque hereticos in nemore de Canthalop in quadam cabana, invenit hereticos in ecclesia de Cargodas qui faciebant ignem juxta altare et coquinabant ibidem,* etc.

Les autres manuscrits des bibliothèques de Toulouse ont infiniment moins de valeur que celui dont je viens d'avoir l'honneur de vous entretenir. On remarque, dans la bibliothèque du clergé, les pièces originales sur la réforme de l'Université de Toulouse, un manuscrit du quatorzième siècle, intitulé: *Droits de la cathédrale de Cahors; Le livre et l'ordre de chevalerie,* manuscrit de la même époque.

Dans la bibliothèque de la ville, un recueil de lettres de personnages de la fronde, quelques pièces relatives au duc de Montmorency, exécuté à Toulouse, la copie des pièces originales du procès de Biron, un manuscrit sur le cardinal de Retz, la description de la Gascogne, en latin, par le jésuite Montgaillard, un recueil de notes sur les membres du parlement de Paris, les mémoires de Marca, archevêque de Toulouse, qui paraissait devoir remplacer Mazarin, si Louis XIV n'eût voulu, à la mort du cardinal, gouverner par lui-même. Les mémoires manuscrits de Montrésor, favori de Gaston, qui sont conservés dans la même bibliothèque, sont publiés depuis long-temps.

Tels sont, Monsieur le Ministre, les six établissements publics que j'ai visités à Toulouse: les archives du département, de la ville, de la cour royale, des notaires et les deux bibliothèques de la ville et du clergé.

Partout, comme vous l'avez vu, Monsieur le Ministre, l'ordre se rétablit dans les dépôts, que des événements divers avaient si notablement dérangés. Toutes les archives de Toulouse ont leurs conservateurs. Dans toutes, les inventaires se confectionnent, et, dans les deux qui offriront aux travaux historiques le plus de documents importants, celles de la préfecture et du Capitole, ils se font avec tous les détails désirables. C'est là, Monsieur le Ministre, l'heureux résultat des mesures prises il y a quelques années pour l'encouragement des études historiques, et du prix qu'y attachent les administrations locales.

L'objet de ma mission était terminé, Monsieur le Ministre, après la visite des archives et des manuscrits des bibliothèques de Toulouse. Je crois devoir pourtant vous communiquer le résultat des recherches que j'ai faites dans quelques localités du Languedoc, et vous transmettre principalement les renseignements que j'ai reçus sur différentes archives, dont l'un surtout, s'il était confirmé, serait d'une grande importance (1).

---

(1) Depuis l'impression de la première partie de ce rapport, on a pu voir une notice fort intéressante de M. de Quatrefages qui a paru dans la première livraison du tome IV des *Mémoires de la société archéologique du midi*. M. de Quatrefages rapporte l'arrêt en entier du 8 août 1793, rendu par les représentants Isabeau, Leyris et Baudot, pour ordonner la destruction des registres municipaux et de tous les titres relatifs au capitoulat. Les considérants de l'arrêt méritent d'être rapportés comme exemples des sophismes et des absurdités qui figuraient trop souvent dans la législation de cette déplorable époque : « Considérant que l'orgueil des individus serait la ruine « de l'égalité entre les citoyens, si les titres qui constatent les distinctions « personnelles pouvaient exister en même temps que la déclaration des « droits de l'homme ; Considérant que les capitouls étaient une institution « perverse de la tyrannie pour opprimer le peuple par le peuple même, en « arrachant de son sein ceux qui s'abandonnent à une vanité ridicule, et « qu'ils payaient chèrement le droit de ne point partager les vertus de leurs « égaux, pour acquérir les vices des usurpateurs de la souveraineté natio« nale. » les représentants ordonnent à tous ceux qui avaient des titres de capitouls de les remettre au président de la société populaire. « Art. 3. Le « terme fatal de remise des titres et des portraits expirera le 10 août à midi. « Art 7. Tous les titres du capitoulat et les portraits des capitouls seront « brûlés sur l'autel de la patrie à six heures du soir, aux cris de vive l'Éga« lité ! Art. 8. Le dénonciateur des contrevenants sera récompensé par la « république. » —M. de Quatrefages donne ensuite la description accompagnée, de planches, de neuf sujets de la collection de l'obligeant M. Béguillet, représentant : 1° l'entrée à Toulouse, en 1439, du Dauphin Louis. (A la suite se trouve toute la partie conservée de la chronique romane de l'année 1438); 2° les capitouls de 1440 ; 3° l'entrée de Charles VII en 1442 ; 4° l'entrée, en 1443, du dauphin Louis, portant en croupe sa mère Marie d'Anjou ; 5° la lecture faite par ordre de Bruni, juge mage, devant les capitouls assemblés, des lettres de Louis XI qui rétablissent le parlement de Toulouse ; 6° une scène de croisade et le jubilé de 1500 ; 7° deux vignettes représentant Louis XII entouré d'une partie de son conseil et de sa cour ; 8° deux sujets relatifs à la dîme à lever pour la croisade contre Bajazet, 9° enfin deux vignettes dont l'action n'est pas bien connue, mais qui paraissent se rapporter à la croisade.

J'ai visité les archives de *Castelnaudary* (1). Les titres étaient autrefois placés dans des niches pratiquées dans un mur; ils sont aujourd'hui plus convenablement conservés dans des cartons bien étiquetés. Les plus anciens documents sont de 1338, antérieurs par conséquent à la réunion du comté de Toulouse à la couronne, qui n'est que de 1361. Les archives du royaume ont des actes, relatifs à Castelnaudary, plus anciens que ceux que possède la ville. L'un des plus intéressants est celui du mois de mars 1242, dans lequel les consuls et notables de la ville promettent fidélité à saint Louis (2).

Les archives de Castelnaudary sont inventoriées dans un registre in-folio, où tous les actes sont mentionnés sommairement et classés par ordre de matières. Les registres des délibérations des consuls de la ville remontent au 15 septembre 1515. Ils se suivent sans interruption depuis cette époque jusqu'à la révolution. Les administrations municipales ont depuis continué également ce recueil. M. Combettes, autant que le lui permettent ses fonctions de secrétaire de la mairie, qu'il remplit depuis si long-temps avec un zèle remarquable, s'occupe de compléter séparément chaque registre par des tables des matières, qui en rendront l'usage plus commode. Les anciens registres des délibérations et ordonnances sont pourtant analysés chronologiquement, dans le même volume, qui renferme la table alphabétique des documents sur feuilles détachées. Il y a, tant dans les cartons que dans les registres, des actes assez curieux, et quelques uns d'une nature fort singulière; mais ils n'ont d'intérêt que pour la localité.

On a conservé dans les archives, jusqu'à ces dernières années, les *us et coutumes de Castelnaudary*, en langue romane. Ce précieux manuscrit, ayant été prêté, a été égaré. Des recherches un peu suivies le feraient pourtant retrouver, je crois, Monsieur le Ministre, d'après ce qui m'a été dit.

M. Tholozé, procureur du roi, m'a fait remarquer au greffe du tribunal de première instance un registre in-folio renfermant des pièces de l'année 1553, relatives à l'érection du siége du sénéchal de Castelnaudary, par Catherine de Médicis, qui jouissait alors du Lauraguais; et du siége présidial que le roi érigea en même temps dans la ville. Le comté du Lauraguais avait été donné par Louis XI au

---

(1) Il n'existe pas d'histoire de Castelnaudary, quoiqu'il soit possible encore de l'écrire, après toutes les pertes qu'ont faites les diverses archives du pays. L'histoire de la commune de Castelnaudary offre quelques particularités dignes de remarque pour l'histoire du droit municipal dans le midi, et il est à regretter que l'érudit auteur du *Voyage à Rennes-les-Bains*, M. de Labouisse-Rochefort, n'ait point abordé ce sujet dans l'intéressante notice qu'il a consacrée à Castelnaudary, dans son ouvrage (p. 260 à 304). Les titres originaux conservés dans l'arrondissement de Castelnaudary et dans les archives de Toulouse, de Carcassonne, de Narbonne, renferment les éléments principaux du travail. La Bibliothèque royale et les archives du royaume fourniraient aussi de très importants documents.

(2) Parmi les noms des habitants de Castelnaudary qui figurent dans cette charte, on remarque les suivants : Bernard Ricard, Pierre Sicard, Pierre-Martin de la Baffe, Durand, Bagan, Guillaume de Saint-Michel, Ermengaud, Barthélemy de Soubiran, Pons Belicens, Bonnet, Barill, G. Calvet, Guillaume de Caraman, J. Carbonier, Arnaud de Mas. De Ferrand, Capella, Fornier, Domerc, Vitalis, Ribairens, de Peirenx (*Trésor des Chartes*, J, 306).

comte de Boulogne, en échange de sa seigneurie : « Voyant, dit
« Henri III, dans l'arrêt d'érection du siége présidial, le dict conté
« de Boulogne, villes et places fortes d'icelles estres très nécessaires
« pour la conservation et desfense de nostre roiaulme tant contre
« les Augloys que aultres. »

Dans le registre se trouve le dénombrement des villes, *locs* (lieux),
villages et paroisses, compris dans l'étendue de la sénéchaussée de
Castelnaudary. On peut y remarquer que le sénéchal exerçait son
autorité jusqu'aux portes de Toulouse, c'est-à-dire jusqu'à Saint-
Agne (*Saint-Ania*), village situé à une demi-lieue de la ville. Malgré
les plaintes continuelles des états du Languedoc, des capitouls et
du sénéchal de Toulouse, la sénéchaussée de Castelnaudary fut
maintenue dans ses limites. Cet état des lieux de son ressort, rédigé
en français, mais entremêlé de phrases et de mots romans, atteste
l'emploi encore récent de l'idiome vulgaire dans les actes judiciaires.

On conserve aussi au greffe du tribunal les registres d'audience
du présidial et du sénéchal de Castelnaudary, depuis la création de
ces juridictions.

Les *Annales du notariat* du diocèse de Carcassonne signalent dans
les études des notaires de Castelnaudary plusieurs registres assez
anciens, il en est très peu cependant parmi eux qui remontent
au quatorzième siècle, tandis que les archives des notaires de Toulouse en renferment beaucoup de cette époque. Dans l'étude de maî-
tre Bertrand doivent être des registres dont les plus anciens actes
datent de 1378, 1388, 1404, 1406, 1428, 1436, 1447, 1450, etc., 1500, 1506,
1510, 1512, 1515, etc.; chez M⁰ Maublat des registres de 1400, 1407,
1450, etc., 1512, 1514, 1524, etc.; chez M⁰ Belz, de 1585, 1610, 1631,
1641, et chez M⁰ Laffon, de 1598, 1603, 1617 et 1633.

M. le baron Ricard de Villeneuve possède la copie de la coutume
particulière qui, outre la loi romaine, droit commun du pays, ré-
gissait le village de *Villeneuve-la-Comtal*, près de Castelnaudary.
Cette coutume, rédigée en latin, paraît inédite; elle n'est point dans
Dom Vaissète, et n'est pas comprise dans la liste des coutumes
donnée par Fontette. Sur le dos de la copie, on lit : « Costume
du lieu de Villeneufve, faite du vivant d'Alfonce, comte de Thou-
louse, pour justifier comment de son temps Villeneufve-la-Contal
a esté jouy et possédée par les autheurs du sieur baron de Villeneufve
en toute justice, haute, moyenne et basse, et que la terre et seigneurie ne dépend pas du domaine du roy ni du conte. — Collationné
par frère Pierre Brunet, chevalier et religieux de l'Ordre de Saint-
Jean de Jérusalem, le 1ᵉʳ du mois de juillet 1668. »

Castelnaudary doit à la générosité de M. de Langle, évêque de Saint-
Papoul, une bibliothèque, assez belle autrefois, mais aujourd'hui trop
négligée. Elle est placée dans la salle d'administration de l'hospice,
restauré par les libéralités du même prélat. Cette bibliothèque est loin
de suffire, sans doute, aux besoins d'une recherche historique importante : elle ne renferme ni Du Cange, ni les *Scriptores*, ni l'*Art
de vérifier les dates*, ni les ordonnances, ni le *Gallia*, etc.; ces
livres de première nécessité pour exécuter certains travaux historiques. Mais elle possède un assez grand nombre de bons ouvrages
pour former déjà une petite bibliothèque assez remarquable, et qui,
réunie à celle de l'ancienne collégiale de Saint-Michel, et complétée
par quelques envois de livres de votre ministère, pourrait être avec
beaucoup d'utilité, Monsieur le Ministre, ouverte au public.

En histoire et en littérature, sections qui devront devenir sans doute les plus importantes, elle renferme déjà, entre autres ouvrages, la collection de Labbe, le Père Anselme, Baronius, l'*Oriens christianus*, Thomassin, la collection des procès-verbaux du clergé, Fleury, Longueval, Héliot, Sauval, Montfaucon, Moréri, Trévoux, La Martinière, Dom Vaissète, Dom Morice, beaucoup d'histoires particulières de provinces, de villes, de personnages ; Hume, Mariana, Daniel, Rollin, Crevier, Voltaire, etc., etc. Elle a, en ouvrages de droit ecclésiastique et civil, le *Bullarium romanum*, le *Jus canonicum* de Pyrrhing, les OEuvres de Marca, le *Corpus juris*, Domat, les Capitulaires de Baluze, Daguesseau, différentes coutumes, etc.

Ce serait rendre un grand service à la ville de Castelnaudary que de mettre sa bibliothèque à même de servir aux lecteurs studieux. L'intérêt que l'on porte toujours à sa ville natale fera excuser, je l'espère, Monsieur le Ministre, la liberté que je prends d'appeler votre attention sur ce dépôt littéraire. M. Foyssac, maire de la ville, s'empresserait, j'en suis certain, de seconder, de concert avec le conseil municipal, vos bienveillantes dispositions à cet égard.

Je me hâte d'énumérer rapidement les recherches que j'ai faites ou les renseignements que j'ai recueillis aux environs de Castelnaudary.

Dans le notariat de la *Bastide-d'Anjou* existent des registres de 1600, 1643 et 1693, concernant l'abbaye de Prouille.*

Le plus ancien acte des registres du notariat d'*Issel* est du 7 février 1477. M. Cabanis, notaire, possède les chartes accordées aux communes d'Issel et de Verdun.

J'ai parcouru, sans résultats satisfaisants, les communes de *Souille*, du *Mas-Saintes-Puelles*, du *Villa-Savary*.

J'espérais trouver à *Fanjeaux* quelques documents relatifs à la croisade contre les Albigeois. C'est dans cette petite ville que s'établit saint Dominique (1), après la prise du Château par Simon de Monfort, pour s'occuper de la conversion des hérétiques. Il y demeura long-temps, et c'est au pied de la montagne de Fanjeaux qu'il fonda, vers 1208, son célèbre monastère de Prouille (2).

---

(1) Une rue de Fanjeaux porte encore le nom de *rue de Saint-Dominique*, et l'une de ses maisons, construite peut-être sur l'emplacement de l'habitation du saint, passe dans la ville pour la maison de saint Dominique.

(2) Une tradition, conservée encore dans le pays, apprend que saint Dominique, voulant fonder un couvent destiné à recevoir les jeunes enfants des hérétiques, se mit en prière sur le haut de la montagne de Fanjeaux, et, portant ses regards sur la plaine du Rasez et du Lauraguais, qui était à ses pieds, se signa et pria qu'une inspiration céleste lui fît bien choisir le lieu de sa nouvelle fondation. Ses yeux s'arrêtèrent au bas de la montagne, sur la petite église de Prouille ; et c'est là qu'il établit son monastère. Le lieu élevé, d'où le saint fit le signe de la croix, porte encore le nom expressif de *Seignadou*. C'est aujourd'hui l'une des promenades de Fanjeaux.

Le monastère de Prouille devint bientôt très riche par les grandes donations qui lui furent faites. A la révolution, peu après la suppression des ordres religieux, ses immenses bâtiments furent démolis, et les matériaux vendus au prix d'un franc la charretée à bœufs. On remarque encore, dans les villages et les fermes de la plaine, des débris d'architecture, provenant du monastère de Prouille. Les villages de Villa-Savary, Fanjeaux, La Serre, La Cassaigne, se sont considérablement accrus de ses ruines. L'emplacement est aujourd'hui cultivé, et il ne reste, de tous les bâtiments et dépen-

Fanjeaux a été jadis une ville de quelque importance ; mais rien de ses archives, ni de celles de Prouille, qui y furent transportées à la révolution, ne s'y trouve aujourd'hui. Les titres en ont été égarés, vendus ou détruits. M. Rouger, député de l'Aude, qui voulut bien m'accompagner sur les lieux, partagea mes regrets et me fit espérer que des recherches, faites dans les archives de la préfecture et dans celles de l'évêché à Carcassonne, ne seraient point infructueuses. Un savant ecclésiastique de Castelnaudary, qui prive malheureusement les sciences historiques de sa collaboration, a offert à Mgr. l'évêque de Carcassonne un grand nombre de chartes et titres divers de l'abbaye de Prouille. Les archives de l'église Saint-Michel de Castelnaudary renferment également beaucoup de documents provenant du même monastère.

Les archives de Mirevail étaient autrefois assez importantes. Les actes et registres ont été lacérés, brûlés. M. Rodière, ancien député, nommé maire de cette commune, n'a pu préserver de la destruction que les rôles d'impositions, depuis l'année 1500, jusqu'à la révolution, et cinq gros registres in-4° du quatorzième siècle, écrits sur papier. L'un d'eux paraît avoir servi long-temps de marchepied ou d'escabeau.

J'ai parcouru ces cinq volumes : ce sont les registres des procès, instruits et jugés par les consuls de Mirevail, des années 1833, 1338, 1341, 1352, 1353, 1354, 1372, 1386, 1387, 1388, 1389, 1391, 1392, 1393, 1394, 1395 et 1396. Les enquêtes commencent ordinairement ainsi : *Informatio facta per curiam dominorum consulum de Miravalle, judicum in causis criminalibus et in quibusdam civilibus pro Domino nostro Francorum rege, adversus N... qui... ut infra;* ou bien : *Causa preventionis, mota in curia de Miravalle, in curia Domini nostri Francorum regis contra N... super eo quod eidem imponitur....* Dans l'intérieur des registres, sont, sur des feuilles détachées, des lettres des consuls de Mirevail aux consuls de Fanjeaux et autres lieux des environs.

Les procès que j'ai lus ne m'ont paru que d'un faible intérêt. Les consuls connaissent de vols, d'assassinats, d'adultères ; peut-être qu'une lecture entière de ces volumineux cahiers ferait trouver quelque fait relatif à l'histoire politique du pays. Mais ces registres, tels qu'ils sont, ont une valeur qui doit faire désirer leur conservation, en ce qu'ils montrent comment la même juridiction criminelle, qui appartenait aux capitouls dans le grand municipe du midi, était exercée également par les consuls des plus petites localités sur leurs administrés, qui étaient en même temps leurs justiciables.

Gaja-la-Selve n'a plus, m'a-t-on dit, les quelques parchemins qui constituaient ses archives.

Quoique je n'eusse pas à m'occuper d'archéologie monumentale, je crois devoir vous signaler, Monsieur le Ministre, la découverte faite il y a quelques années, dans cette dernière localité, d'une mosaïque et des fondations d'un ancien édifice. La construction, située au bas du village, sur les terres de M. de Gaja, s'arrondit vers le couchant

---

dances de l'abbaye, que les premières assises d'un mur, sur les bords d'un champ, et la butte de terre formée à côté du cloître, pour élever les moulins à vent nécessaires à la consommation et aux abondantes aumônes de la communauté. Chaque jour, à trois heures du soir, on donnait un pain de cinq livres à chaque pauvre qui se trouvait devant la porte du monastère.

et forme un hémicycle d'environ dix pieds de rayon. Une marche en marbre, qui règne dans toute la longueur du diamètre, sépare cet espace du reste de l'enceinte, qui est carré et plus bas de quelques pouces. Le sol des deux enceintes est recouvert de la mosaïque. M. de Gaja ayant bien voulu faire relever la terre dont on revêt l'ouvrage pour le garantir de la dégradation, j'ai pu juger de son état de conservation dans l'enceinte circulaire, de sa bonne exécution et de la vivacité des couleurs des petits cubes de pavage. Le fond de la mosaïque est composé d'entre-lacs ; tout autour, en forme de couronne, alternent des enroulements et des feuilles d'acanthe. Le marbre et la pierre, de quatre couleurs, blanc, bleu, jaune et rouge, sont disposés dans ce travail avec beaucoup de goût et d'habileté. La mosaïque du reste de l'édifice est très endommagée.

Près de cet emplacement se trouve un puits très profond, dont on a comblé l'entrée. Tout autour, on voit encore des débris de briques et de poteries qui attestent l'existence, en ce lieu, de quelque habitation romaine. C'est là peut-être l'emplacement d'une *villa*, établie sur les bords de la Vissiege qui coule à l'orient.

Dans la même vallée, vers le nord, sur la propriété de M. Bidard, existent des ruines du moyen âge; ce sont les derniers pans de mur d'un vieux château féodal, dont le nom n'est pas connu, et qui n'a dans les environs que la vague dénomination de *Castelas*. Le château est situé sur une montagne, au sommet de laquelle paraît avoir été élevée une motte factice, et dont les fossés se distinguent encore autour de l'élévation. Sous le château existent, à ce que l'on croit, des substructions assez étendues. Au pied du Castelas on a trouvé des médailles des premiers Valois.

J'aurais désiré, Monsieur le Ministre, que le temps me permît de visiter les archives de Mirepoix, de Villemagne, de La Bécède, des Cassès, de Sainte-Camelle, de Puylaurens, de Ferrals, château de Mme la comtesse de Roquelaure, que l'on m'a signalées comme renfermant des manuscrits ou des titres importants.

Un intérêt plus puissant m'engageait à arriver jusque dans la vallée d'Andorre, où existe un registre-manuscrit qui, s'il ne remonte pas, comme il est plus que probable, à Louis-le-Débonnaire, malgré la croyance générale du pays, est certainement très ancien et renferme plusieurs titres, appartenant par leur date au neuvième siècle. C'est le registre municipal du pays d'Andorre, où se trouvent, à côté de la chronique du pays, les chartes de confirmations successives de libertés et franchises des Andorrans, depuis Louis-le-Débonnaire, ou *Louis-el-Piō*, comme l'appellent encore les habitants de la vallée.

Voici ce que dit de ce précieux manuscrit M. Roussillou, ancien viguier de l'Andorre, dans une notice qu'il a publiée il y a quelques années sur ce pays (1). « On garde, dans le palais de la vallée, les « archives de l'Andorre : la pièce la plus importante de ce dépôt est « un volumineux manuscrit où, depuis l'époque de l'indépendance, « c'est-à-dire depuis douze siècles, chaque syndic a relaté les prin- « cipaux événements arrivés sous son syndicat. » Sans doute, il faut diminuer de beaucoup l'âge qui paraît assigné, dans cette phrase, au registre ou à sa partie la plus ancienne; mais il est sûr que ce manuscrit et les autres actes originaux, conservés dans les archives de l'Andorre, fourniront des renseignements du plus haut intérêt, non

---

(1) Ce petit livre peu répandu, dont je dois la communication à M. l'abbé de Soubiran, a été publié à Toulouse en 1823, sans nom d'auteur.

seulement pour le pays lui-même, mais pour l'ancien comté de Foix, dont les seigneurs ont long-temps possédé l'Andorre, et pour les villes des environs. Peut-être trouverez-vous utile, Monsieur le Ministre, de charger un élève des chartes d'aller, dans un temps opportun, visiter les archives de l'Andorre, pour vous faire connaître d'une manière précise quels sont les documents qu'elles renferment.

Je ne terminerai pas, Monsieur le Ministre, sans vous communiquer ce que j'ai appris des archives de la ville de Moissac, qui sont encore très riches, malgré toutes leurs pertes.

Long-temps elles ont été abandonnées aux élèves du collége de la ville, qui venaient y prendre le parchemin nécessaire pour réparer leurs livres et leurs cahiers. Cette déplorable dilapidation n'a été arrêtée que fort tard, mais assez tôt cependant pour préserver la destruction de la majeure partie des archives, dont M. Cabanès, maire de la ville, a assuré pour l'avenir la conservation. Parmi les registres les plus importants de ce dépôt, se trouve, 1° le manuscrit original des *statuts et priviléges de la ville de Moissac*, en langue romane, que M. Cabanès n'a pu communiquer, en 1837, à M. Augustin Thierry, par suite de l'opposition du conseil municipal ; 2° le répertoire général des « *actes, titres et documents des archives du vénérable chapitre de la ville de Moissac, diocèse de Cahors.* » On ne verra plus malheureusement dans les archives le manuscrit des grandes chroniques de Moissac, dont une partie seulement a été publiée par dom Bouquet : acheté par un étranger, ce précieux volume a été emporté en Angleterre. Peut-être y retrouvera-t-on quelque cartulaire de l'abbaye. M. Belhomme a découvert récemment, dans les archives de la Haute-Garonne, une petite partie d'un de ces registres des chartes de Moissac. Ce fragment, qui a 15 folios, renferme 35 chartes entières des onzième et douzième siècles. J'ai remarqué celles des années 1135 et 1155 comme les plus intéressantes. La première est la charte de fondation de la *ville* de Saint-Nicolas par le prieur et l'abbé de Moissac, de concert avec le vicomte Saxet (1). L'autre titre est en langue vulgaire. Sa date, 1155, lui donne une valeur particulière ; car il est très peu d'actes du douzième siècle, rédigés en entier dans l'idiome national, et celui-ci est, je crois, l'un des plus anciens. La charte entière, sauf la date, est en langue romane méridionale. Elle commence ainsi : *Ho es carta de remembrament que Estene Dairocafort Labas a vendud lo casal et la maio*, etc. Les seuls mots latins sont ceux-ci : *Anno ab incarnatione domini* 1155.

Tels sont, Monsieur le Ministre, les renseignements que j'ai reçus et les observations que j'ai faites moi-même en parcourant les diverses localités que j'ai eu l'occasion de mentionner. Quoique incomplets et étrangers en grande partie aux archives que vous m'aviez chargé de visiter, ils m'ont paru de nature à devoir vous être transmis, comme pouvant servir d'indications à l'exploration complète des documents historiques existant dans le midi.

Veuillez me permettre, Monsieur le Ministre, en terminant mon rapport, d'offrir mes remercîments à M. Floret, préfet de la Haute-Garonne, et à M. Perpessac, maire de la ville de Toulouse, pour

---

(1) La charte n'est pas datée dans le cartulaire ; mais les Bénédictins qui mentionnent la fondation, sans rapporter le titre, lui assignent dans le *Gallia* la date de 1135.

l'obligeance extrême avec laquelle ils ont bien voulu me faciliter les moyens de remplir la mission que vous m'aviez donnée et d'effectuer les recherches que j'ai cru devoir entreprendre en dehors de vos instructions.

J'ai l'honneur d'être avec un profond respect,

Monsieur le Ministre,

votre très humble serviteur,

Louis de Mas Latrie.

Élève-pensionnaire de l'École des Chartes.

Paris, 1ᵉʳ *mai* 1839.

P.-S. En revenant à Paris, j'ai vu à Bordeaux les archives de la préfecture et de la mairie. Depuis la visite de M. Michelet, des précautions ont été prises pour préserver des effets du mauvais temps les papiers et parchemins de la galerie des Carmes des Chartrons, où se trouve encore une partie des archives de la préfecture. On attend qu'un local ait été préparé pour les y transporter. Le reste des archives, de beaucoup plus important par le nombre des documents que ce qui est placé sous les combles, occupe onze salles ou galeries du même bâtiment. Les registres et les cartons ont été mis en ordre dans les rayons autour des murs, mais ce n'est là qu'un classement apparent, car M. Gras, archiviste, s'est aperçu que beaucoup de titres, de sections différentes avaient été mêlés et placés au hasard dans les cartons. Il y a donc à peu près tout à faire encore aux archives de la préfecture pour arriver au véritable classement des pièces. M. l'archiviste, avant de commencer le long dépouillement qu'il doit faire, attend qu'on lui ait adjoint plusieurs personnes capables de l'aider. La totalité des documents des archives de la préfecture de la Gironde est distribuée dans la proportion suivante :

3,200 liasses provenant de l'ancienne intendance, des diverses communautés et de l'administration départementale.

2,100 cartons renfermant des papiers de la même origine.

1,200 registres, livres terriers, lièves, inventaires de titres.

1,500 registres de notaires.

M. l'archiviste de l'Hôtel-de-Ville s'occupe de l'inventaire de ses archives.

www.ingramcontent.com/pod-product-compliance
Lightning Source LLC
Chambersburg PA
CBHW060900050426
42453CB00011B/2056